essentials

essentials liefern aktuelles Wissen in konzentrierter Form. Die Essenz dessen, worauf es als „State-of-the-Art" in der gegenwärtigen Fachdiskussion oder in der Praxis ankommt. *essentials* informieren schnell, unkompliziert und verständlich

- als Einführung in ein aktuelles Thema aus Ihrem Fachgebiet
- als Einstieg in ein für Sie noch unbekanntes Themenfeld
- als Einblick, um zum Thema mitreden zu können

Die Bücher in elektronischer und gedruckter Form bringen das Expertenwissen von Springer-Fachautoren kompakt zur Darstellung. Sie sind besonders für die Nutzung als eBook auf Tablet-PCs, eBook-Readern und Smartphones geeignet. *essentials:* Wissensbausteine aus den Wirtschafts-, Sozial- und Geisteswissenschaften, aus Technik und Naturwissenschaften sowie aus Medizin, Psychologie und Gesundheitsberufen. Von renommierten Autoren aller Springer-Verlagsmarken.

Weitere Bände in der Reihe http://www.springer.com/series/13088

Marco Meier

Praxistipps für erfolgreiche Teamarbeit

Handlungsempfehlungen aus dem Sport für Unternehmen und Organisationen

 Springer

Marco Meier
One – Coaching, Training & Beratung
Weihenzell, Deutschland

ISSN 2197-6708   ISSN 2197-6716   (electronic)
essentials
ISBN 978-3-658-27960-8   ISBN 978-3-658-27961-5   (eBook)
https://doi.org/10.1007/978-3-658-27961-5

Die Deutsche Nationalbibliothek verzeichnet diese Publikation in der Deutschen Nationalbibliografie; detaillierte bibliografische Daten sind im Internet über http://dnb.d-nb.de abrufbar.

Springer ist ein Imprint der eingetragenen Gesellschaft Springer Fachmedien Wiesbaden GmbH und ist ein Teil von Springer Nature.
Die Anschrift der Gesellschaft ist: Abraham-Lincoln-Str. 46, 65189 Wiesbaden, Germany

Was Sie in diesem *essential* finden können

- Einen Einblick, warum erfolgreiche Teamarbeit in der heutigen Zeit sehr wichtig ist.
- Einen Überblick über die wichtigsten theoretischen Informationen über Teamarbeit.
- Die Bedeutung der Kennzeichen von Teams im Leistungssport.
- Praktische Handlungsempfehlungen, was Unternehmen und Organisationen vom leistungsorientierten Mannschaftssport lernen können.

Vorwort

Wenn man selbst ein Buch zum Thema Team verfasst, dann wird einem in der heutigen Zeit wirklich bewusst, wie wichtig es für Unternehmen und Organisationen ist, den Fokus auf erfolgreiche Teamarbeit zu legen. Die Grundlage für dieses Buch bildet eine vom Autor erstellte wissenschaftliche Arbeit mit dem Titel, was Unternehmen und Organisationen vom leistungsorientierten Mannschaftssport lernen können. Die wissenschaftlich fundierten Erkenntnisse wurden anschließend für die praktische Anwendung ausgearbeitet.

Um die Lesbarkeit dieses Buches zu vereinfachen, wird auf die zusätzliche Formulierung der weiblichen Form verzichtet. Es wird explizit darauf hingewiesen, dass die männliche Form als geschlechtsunabhängig verstanden werden soll. Wenn von Sportlern oder Mitarbeitern die Rede ist, sind selbstverständlich auch Sportlerinnen und Mitarbeiterinnen gemeint. Des Weiteren wird darauf hingewiesen, dass die Begriffe ‚Team' und ‚Mannschaft' in diesem Buch als Synonyme verwendet werden.

Dieses Buch ist eine Einladung an den Leser, sich an diesem aktuellen und spannenden Diskurs über Teamarbeit in Unternehmen und Organisationen zu beteiligen. Der Autor wünscht eine unterhaltsame und interessante Zeit mit dem Buch „Praxistipps für erfolgreiche Teamarbeit".

Marco Meier

Inhaltsverzeichnis

Einstieg in das Thema

1

Der Star ist das Team. Deutschland holt 2014 im russischen Sotschi bei den Olympischen Winterspielen in der Sportart Skispringen sensationell Gold im Mannschaftswettbewerb, obwohl andere Nationen wie Österreich, Norwegen oder Polen die Medaillen in den Einzelspringen unter sich ausgemacht haben.

Der Star ist die Mannschaft. Im selben Jahr wurde Deutschland in Brasilien Weltmeister im Fußball. Der dafür verantwortliche Bundestrainer Joachim Löw lobte nach dem Sieg über Argentinien im Finale den Teamgeist und die Tugenden der Mannschaft. Er ordnete seine persönliche Rolle vollständig dem Mannschaftsgeist für den Erfolg unter. Nur vier Jahre später scheiterte die Mannschaft bei der Fußball-WM in Russland bereits in der Vorrunde. Der fehlende Teamspirit wurde als eine der ausschlaggebenden Ursachen für diesen historischen Misserfolg ausgemacht.

Der Star ist das Team. Deutschland gewinnt sensationell die Silbermedaille im Eishockey bei den Olympischen Winterspielen 2018 in Südkorea. Die Medien und Sportinteressierten betonen immer wieder, dass in dieser Nationalmannschaft nicht die besten Einzelspieler des Turniers in der Mannschaft spielten, sondern der besonders ausgeprägte Teamspirit für den Gewinn der Silbermedaille hauptverantwortlich war.

Die drei beschriebenen Sportereignisse sind positive Beispiele, wie sich erfolgreiche Teamarbeit und ein besonders ausgeprägter Teamspirit auf den Erfolg im Mannschaftssport auswirken kann.

Doch nicht nur im Sport, sondern auch in der Wirtschaft wird immer mehr Wert auf Teamarbeit gelegt. Der Star sind die Mitarbeiter. Konsequent umgesetzte Teamstrukturen können die Grundlage für Ergebnisse und Erfolge im Changemanagement bilden. Darüber hinaus dürfen die Begriffe Teamarbeit und Teamfähigkeit heutzutage in keiner Stellenanzeige mehr fehlen und stellen eine Mindestanforderung an alle Stellenbewerber dar.

© Springer Fachmedien Wiesbaden GmbH, ein Teil von Springer Nature 2020   1
M. Meier, *Praxistipps für erfolgreiche Teamarbeit,* essentials,
https://doi.org/10.1007/978-3-658-27961-5_1

1.1   Relevanz und Ausgangssituationen

Die Relevanz für dieses Buch ist für interessierte Unternehmen und Organisationen sehr hoch. Führungskräfte und Verantwortliche wundern sich über schlechtere Ergebnisse, obwohl die technischen Voraussetzungen und das Know-how der Mitarbeiter vorhanden sind. Doch oftmals ist eine erfolgreiche Teamarbeit ausschlaggebend für den Erfolg.

Die Wirtschaft befindet sich in einem tiefgreifenden Wandel. Radikale Umdenkungsprozesse finden statt, um sich Wettbewerbsvorteile gegenüber der Konkurrenz zu verschaffen. Die grundlegende Wandlung wirkt sich massiv auf die Organisations- und Arbeitsformen aus. Die Arbeitswelt ist von ständigen Veränderungen geprägt: Märkte brechen weg, die Bedürfnisse der Kunden ändern sich, die Digitalisierung und Globalisierung beschleunigen Abläufe und Strukturen.

Die Konkurrenzsituation auf dem Arbeitsmarkt für Unternehmen hat sich stark verändert und ist nicht nur auf den demografischen Wandel zurückzuführen. Eine aktuelle Gallup-Studie (2019) berichtet, dass sich nur 15 % der Mitarbeiter an ihren Arbeitgeber gebunden fühlen. Während sich noch vor einigen Jahren die Unternehmen und Organisationen zwischen zahlreichen Bewerbern entscheiden konnten, herrscht in der heutigen Zeit ein harter Kampf um leistungsfähige und zuverlässige Mitarbeiter. Die Unternehmen müssen sehr viel bieten, um zuverlässige Arbeitnehmer langfristig und emotional an sich zu binden und qualitativ gutes Personal zu rekrutieren.

Dabei kann der Sport mehr denn je als Vorbild für Unternehmen und Organisationen dienen. Die erfolgreiche Zusammenarbeit im Team ist ein wesentlicher und wichtiger Bestandteil im leistungsorientierten Mannschaftssport.

In der Gunst der deutschen Sportvereinsmitglieder stehen Teamsportarten, insbesondere Fußball, Handball und Volleyball, hoch im Kurs (Fahrner 2014). Teams gibt es bereits seit über hundert Jahren. Viele Menschen haben bereits direkt oder unmittelbar Erfahrungen im Teamsport gesammelt. Damit sind die gewonnenen Erkenntnisse für die Mehrheit der Mitarbeiter verständlich und nachvollziehbar.

Dieses Buch liefert zu den vier Themenblöcken Teamgeist und Zusammenhalt, Rahmenbedingungen und Regeneration, Ziele und messbare Erfolge sowie Flexibilität wertvolle Hinweise und praktische Handlungsempfehlungen für Unternehmen und Organisationen, um sich auf dem Arbeitsmarkt durch ein positives Image Vorteile gegenüber der Konkurrenz zu verschaffen.

Die Literatur lässt einen möglichen Zusammenhang von leistungsorientiertem Mannschaftssport und Unternehmen aus der freien Wirtschaft offen. Um den fehlenden Bezug zu konkreten Situationen herzustellen, kann die praktische Erfahrung und das Expertenwissen von leistungsorientierten Teamsportlern genutzt werden. Dieses Buch basiert deshalb auf qualitativ durchgeführten Experteninterviews mit Teamsportlern, um zunächst die Kennzeichen von Mannschaften im Leistungssport zu analysieren.

Die Unternehmen und Organisationen sollen motiviert werden, die gewonnenen Erkenntnisse zu berücksichtigen und die Handlungsempfehlungen in den Arbeitsalltag zu integrieren. Mitarbeiter können somit langfristig und emotional an das Unternehmen gebunden und neues Personal gefunden werden. Letztendlich kann das gesamte Unternehmen von den Erkenntnissen aus dem leistungsorientierten Mannschaftssport und den daraus resultierenden Handlungsempfehlungen profitieren.

1.2 Erläuterung der vier Themenblöcke

Dieses Buch liefert keine Ergebnisse und Handlungsempfehlungen, die auf Behauptungen oder Vermutungen aufgestellt wurden. Qualitativ geführte Experteninterviews bilden die Grundlage, aus denen letztendlich die praktischen Hinweise und wertvollen Handlungsempfehlungen für Unternehmen und Organisationen entstanden sind. In Experteninterviews können durch Personen mit speziellem Fachwissen viele Informationen gesammelt werden. Durch quantitative Forschungsmethoden (z. B. Fragebogen) hätten zwar mehr Experten befragt werden können, doch würde die Datenauswertung durch das statische Verfahren nur oberflächliche Ergebnisse liefern. Durch das leitfadengestützte Experteninterview können möglichst viele Informationen gewonnen werden. Im weiteren Sinn können repräsentative und sinnvolle Handlungsempfehlungen aus den Ergebnissen abgeleitet werden. Mayer (2009) betont bei der Auswahl der richtigen Interviewpartner, dass jemand nur als Experte gilt, wenn die Person auf einem eingeschränkten Bereich sichere Behauptungen von sich gibt und über ein klares und abrufbares Wissen verfügt. Bei der Expertenauswahl wurde gezielt darauf geachtet, dass die geeigneten Personen leistungsorientierte Mannschaftssportler sind und somit ausreichend Erfahrungen in Sportteams gemacht haben. Es kommen all diejenigen für einen Expertenstatus infrage, die über differenzierte Einblicke in den aktiven Leistungssport in Mannschaften verfügen. Es wurden Sportler aus den Mannschaftssportarten Fußball, Handball, Faustball, Basketball und Volleyball befragt.

Die Antworten auf die Fragen der vier Themenblöcke liefern Ergebnisse, was die Kennzeichen von leistungsorientierten Mannschaften sind und was Unternehmen und Organisationen daraus lernen können.

Die ersten Fragen behandeln den Themenbereich Teamgeist und Zusammenhalt. Der ehemalige professionelle Spieler und hauptamtliche Funktionär im Fußball Hansi Müller beschreibt aufgrund seiner eigenen Erfahrung, dass die Teamfähigkeit ein besonderes Merkmal im Spitzensport ist. Des Weiteren entscheidet der Zusammenhalt über Erfolg und Misserfolg in der Mannschaftssportart Fußball. Die Wertschätzung aller Teammitglieder und die Integrations- und Identifikationsbereitschaft der beteiligten Personen ist sehr hoch und die Teambildungsmaßnahmen spielen dabei eine wichtige Rolle (Müller 2006). Peters (2012) beschreibt in seinem Werk, dass Sportler in Teams emotional eng miteinander verbunden sind, sehr viel Zeit für das angestrebte Ziel investieren und es eine klare hierarchische Rollen- und Aufgabenverteilung gibt. Peters (2012) betont ebenfalls, dass der Teamgeist und der Zusammenhalt entscheidend im Mannschaftssport ist. Er sieht das Team als großes Ganzes und die identitätsstiftenden Maßnahmen, zum Beispiel Freizeitaktivitäten und gezieltes Teambuilding, als Basis für den Erfolg.

Der zweite Themenblock beschäftigt sich mit den Rahmenbedingungen und der Regeneration. Mit der Leitfrage, wie ein typischer Tages- und Wochenablauf während der Wettkampfperiode aussieht, wird überprüft, ob es sich tatsächlich auch um einen leistungsorientierten Mannschaftssportler handelt. In der heutigen Zeit sind in nahezu allen Ausgaben von Fachzeitschriften für die freie Wirtschaft Beiträge über die Begriffe Resilienz und Stress zu finden. Im Sport spielt die Regeneration eine wichtige Rolle. Der erfahrene Personaltrainer Carsten Kupferberg vergleicht Burn-out-Syndrome von Mitarbeitern mit Übertraining von Sportlern. Die Einbeziehung von Regenerationszeiten ist relevant, um bestmögliche Erfolge zu erzielen. Dabei spielen auch die Rahmenbedingungen in der Arbeit oder im Sport eine zentrale Rolle (Kupferberg 2006). Außerdem betont Peters (2012), dass jedes Team im Mannschaftssport eine Hierarchie braucht, welche als Ausgangspunkt der Teamidentität zu definieren und damit von großer Bedeutung ist.

Im dritten Themenblock geht es um Ziele und messbare Erfolge. Der Hockeytrainer Markus Weise hebt hervor, dass im Spitzensport der Erfolg eindeutig gemessen und zwischen Erfolgs- und Leistungszielen unterschieden werden kann. Dabei spielen auch die intrinsische Motivation und eine positive Grundeinstellung eine Rolle (Weise 2006). Der Managementtrainer und Mentalcoach Thomas Baschab ergänzt, dass die mentalen Voraussetzungen wesentlich zur Erreichung des Erfolgs im Sport beitragen (Baschab 2006). Poirier-Leroy (2018) betont, dass Athleten im Leistungssport immer eine Richtung brauchen, damit Trainingseinheiten einen Sinn machen. Sie beginnen mit einer bestimmten Zielsetzung die Trainingseinheiten. Darüber hinaus stellt er die mentalen Aspekte in den Vordergrund, weil der Kopf entscheidend für die erfolgreiche Durchführung der Trainingseinheiten ist.

Bei den Fragen im vierten Themenblock steht die Flexibilität im Vordergrund. „Moderne Teams [in Unternehmen] gleichen eher Fußballteams, die es mit ständig veränderten Situationen zu tun haben, auf die sie flexibel und im Kollektiv immer wieder neue Lösungen entwickeln müssen" (Reimann 2018). Landes und Steiner (2014) stellen fest, dass ein Prozess mit tiefgreifenden Veränderungen eine große Herausforderung für alle Beteiligte im Unternehmen darstellt. Im Gegensatz dazu sind Veränderungen im Mannschaftssport keine Seltenheit (Poirie-Leroy 2018). Die leistungsorientierten Sportler brauchen ständig andere Denk- und Handlungsweisen (Poirier-Leroy 2018), weil sie personellen und sportlichen Veränderungen ausgesetzt sind. Als Beispiele können die vielen Trainer- und Spielerwechsel innerhalb der Mannschaften, die unterschiedlichen Wettkampfstätten bei Auswärtsspielen oder sportliche Veränderungen im Hinblick auf Technik und Taktik während des Spiels genannt werden. Dabei müssen die leistungsorientierten Mannschaftssportler häufig in schwierigen Situationen im Zusammenspiel mit den Teamkollegen Krisen bewältigen. In spontanen Situationen auf dem Platz, wenn sich der Spielstand ändert oder die Mannschaft plötzlich aufgrund einer Strafe des Unparteiischen in Unterzahl spielen muss.

Theoretische Hintergründe

Die folgenden Absätze verschaffen dem Leser einen Überblick über die zahlreichen Begrifflichkeiten. Sehr häufig ist in Spielberichten von Sportmannschaften zu lesen, dass der Teamgeist und eine geschlossene Mannschaftsleistung zwischen zwei gleichstarken Mannschaften über Sieg oder Niederlage entschieden haben. Auch in der freien Wirtschaft werden die Begriffe Teamfähigkeit und Teamgeist sehr oft verwendet und mit vielen positiven Attributen in Verbindung gebracht. Doch was sind Teams eigentlich und welche Voraussetzungen sind für eine erfolgreiche Teamarbeit notwendig?

Was sind Teams?

Der Teambegriff ist aus dem Altenglischen entstanden, existiert bereits seit über hundert Jahren und wird vor allem im Mannschaftssport sehr häufig verwendet. Später wurde der Teambegriff auch in die Arbeitswelt integriert. Die Bedeutung des Teambegriffs hat erst zugenommen, nachdem die Bedeutung des Gruppenbegriffs in den letzten Jahren nachgelassen hat.

Das Wort Team kommt ursprünglich aus dem Altenglischen und bezeichnet ein Gespann von Ochsen, die als Zugtiere von Karren fungiert haben. Wenn ein einzelner Ochse die Zugkraft nicht hatte, wurde ein ‚team of oxen' vorgespannt

(Alf-Jähnig et al. 2008). Einige Zeit später fand der Teambegriff Eingang in den Mannschaftssport, ehe der Begriff dann auch in die Arbeitswelt integriert wurde. Die Begriffe ‚Menge', ‚Masse' und ‚Clique' können vom Teambegriff deutlich abgegrenzt werden. Die beiden Begriffe ‚Team' und ‚Gruppe' klar voneinander abzugrenzen, scheint schwieriger. Im Folgenden werden die Begriffe ‚Team' und ‚Gruppe' nicht als Synonyme verwendet, weil in der Literatur Differenzierungskriterien zu finden sind, welche die beiden Begriffe voneinander abgrenzen. Es wird den beiden übereinstimmenden Definitionen von Rosenstiel (2007) und von Kauffeld (2001) gefolgt. Nicht jede Gruppe ist ein Team, aber jedes Team ist auch eine Gruppe, weil ein Team auf emotionaler Ebene enger verbunden ist und damit als eine besonders gut eingespielte Gruppe bezeichnet werden kann.

1.3   Vorteile, Merkmale und Voraussetzungen für erfolgreiche Teamarbeit

In einer Teamarbeit strengen sich mehrere Personen gemeinsam an, ein Ziel zu erreichen oder eine Aufgabe effektiv und effizient zu bearbeiten. Der Einsatz von Teamarbeit ist vor allem „in neuartigen, komplexen, für den Einzelnen schwer durchschaubaren Aufgaben oder Projekten" (Ueberschaer 2000, S. 34) sehr sinnvoll.

Zunächst wird auf die wichtigsten Vorteile von Teamarbeit eingegangen. „Tatsächlich gründen sich die meisten Modelle der Organisation der Zukunft […] darauf, dass Teams das Individuum als vorrangige Leistungseinheit in Unternehmen ablösen" (Katzenbach 2003, S. 38). Das Arbeiten mit Teams ist nicht nur in der Theorie wichtig, sondern gewinnt auch in der Wirtschaft immer mehr an Bedeutung. Katzenbach (2003) geht in einem eigenen Kapitel auf die steigende Notwendigkeit von Teams ein. Comelli (2003) fasst die Vorteile von Teamarbeit in vier Argumenten zusammen. Der Mensch ist von Natur aus ein Gruppenwesen und ist dadurch auf Interaktion und Kommunikation ausgelegt. Außerdem zwingen die im Laufe der Geschichte zunehmende Komplexität und Umfang einer Aufgabe die Menschen zur Arbeit im Team mit anderen Menschen. Das dritte Argument betont, dass in der heutigen Arbeitswelt die Teamarbeit besonders gefordert ist, weil ein effizientes Zusammenwirken von Experten bei der Lösung von Problemen oftmals nur im Team erfolgreich sein kann. Außerdem beschreibt Comelli die Emanzipation von Mitarbeitern als das vierte und letzte Argument, welches für Teamarbeit spricht. Der Führungsstil hat sich in den letzten Jahren verändert, weil die Mitarbeiter auf Mitsprache und Beteiligung bei Entscheidungen drängen. Scholl (2003) nennt darüber hinaus grundsätzlich die

Effektivität von Teams als wesentlichen Vorteil. Dabei wird der Zuwachs an relevantem Wissen und die Steigerung der Handlungsfähigkeit in den Vordergrund gestellt. Schließlich sind die Mitarbeiter zufriedener, wenn sie einen Erfolg im Team geschafft haben.

Als Nächstes stehen die von Niermeyer (2001) und Ueberschaer (2000) aufgestellten Merkmale im Fokus, die für erfolgreiche Teamarbeit von Bedeutung sind. Des Weiteren werden die Erfolgsfaktoren von Haug (2016) erläutert. Erfolgreiche Teams haben ein gutes Arbeitsklima, sind zielstrebig und pflegen eine offene Kommunikation und eine aktive Interaktion untereinander. Außerdem unterstützen sich die Teammitglieder gegenseitig, zeichnen sich durch ein hohes Engagement und durch ein konstruktives Konfliktmanagement aus (Niermeyer 2001). Ein entscheidendes Merkmal von Teamarbeit ist, dass durch das Addieren von Einzelfähigkeiten der Team-mitglieder Leistungsvorteile und Synergieeffekte entstehen können. Das verfügbare Expertenwissen, die Bündelung der Intelligenz, die gegenseitige Korrektur von Mängeln, die Verkürzung der Informationswege aufgrund direkter Kommunikation, die Qualifizierung und Weiterentwicklung innerhalb des Teams, die gegenseitige Motivation sowie die Verstärkung des Vertrauens untereinander sind bedeutende Merkmale der Teamarbeit (Ueberschaer 2000).

Kauffeld (2001) fasst die Merkmale von erfolgreicher Teamarbeit in der Bündelung von unterschiedlichen Kompetenzen, einer angenehmen Arbeitsatmosphäre, mentaler Stärke der Teammitglieder untereinander sowie einer Steigerung von Effizienz und Leistung zusammen. Haug (2016) teilt die Merkmale erfolgreicher Teamarbeit in harte und weiche Faktoren auf. Unter den harten Faktoren werden alle objektiv messbaren und empirisch überprüfbaren Aspekte verstanden. Die Teamziele müssen eindeutig formuliert und schriftlich festgelegt werden. Die Teams sind auf eine klare Führung und eine effiziente Zeitplanung angewiesen. Das Qualifikationsniveau, eine klare Aufgabenverteilung und eine nachvollziehbare Entscheidungskompetenz im Unternehmen gehören ebenfalls zu den harten Erfolgsfaktoren von Teamarbeit. Unter weichen Erfolgsfaktoren fallen die Vision, das Arbeitsklima im Team und alle weiteren Aspekte, die nur schwer messbar und subjektiv wahrnehmbar sind.

Die Vorteile und Merkmale von Teamarbeit zu kennen, ist nicht nur für Führungskräfte und Teamleiter, sondern für alle Teammitglieder von großer Bedeutung, um am Ende erfolgreich in einem Team zusammenarbeiten zu können. „Fähige Leute ergeben noch lange kein fähiges Team, das gilt im Sport wie im Beruf" (Reimann 2018). Deshalb ist es von Bedeutung, neben den Vorteilen und Merkmalen auch die Voraussetzungen für Teamarbeit zu kennen.

Eine Aussage über die richtige Teamgröße zu treffen, scheint kaum möglich. In der Literatur sind sehr viele unterschiedliche Angaben zur richtigen Anzahl zu finden. Allerdings sind sich die Autoren einig, dass auf der einen Seite Teams mit wenigen Mitgliedern bei der Ausführung der Arbeit meist schneller als große Teams sind. Auf der anderen Seite gehen bei zu kleinen Teams die Synergieeffekte verloren. Niermeyer (2001) ist der Meinung, dass die kritische Größe in Unternehmen bei zwölf Personen erreicht wird. Nur bei konkret festgelegten Rollen, wie in Mannschaftssportarten üblich, sind auch mehr Personen steuerbar. Grunwald (1996) empfiehlt, dass bei einer größeren Anzahl von Teammitgliedern sogenannte Unterteams gebildet werden, um den Zusammenhalt und die Kommunikation der Teammitglieder nicht zu gefährden. Neben der Größe spielt die Dauer der Mitgliedschaft und der richtige Zeitpunkt für den Start der Teamarbeit eine entscheidende Rolle. Ein häufiger Wechsel von Mitgliedern erschwert die Arbeit von Teams (Kriz und Nöbauer 2002). Der Beginn von Teamarbeit ist besonders wichtig, weil es kein Team ohne Start gibt. Die Mitglieder treffen sich irgendwann ein erstes Mal. Dabei belegen viele Forschungsergebnisse, dass bei den ersten Meetings sich bereits abzeichnen kann, ob ein Team erfolgreich sein oder scheitern wird (Stamm und Titscher 2006). Als eine weitere wichtige Voraussetzung für erfolgreiche Teamarbeit kann die Erstellung einer ersten Standortbestimmung genannt werden, in der die Mitglieder von ihren bisherigen Erfahrungen mit Teamarbeit berichten. Außerdem werden die Teammitglieder im Vorfeld auf die Schwerpunkte eingestimmt und auf die Merkmale hingewiesen (Knill und Kunert 1999). Durch die Standortbestimmung kann erfragt werden, in welchem Ist-Zustand sich die einzelnen Teammitglieder befinden. Das Ergebnis zeigt dann auf, welche Voraussetzungen noch nicht erfüllt sind, um mit der Teamarbeit zu starten (Haug 2016). Comelli (2003) fasst die Voraussetzungen, die für die Teamarbeit von hoher Bedeutung sind, in drei Aspekte zusammen. Als Erstes muss sich die Aufgabenstellung für Teamarbeit eignen, als Zweites müssen die Rahmenbedingungen für Teamarbeit gegeben sein und als Drittes müssen die Teammitglieder Arbeitstechniken können und kommunikative Voraussetzungen erfüllen.

1.4   Grenzen der Teamarbeit

Bei der Teamarbeit ergeben sich zahlreiche Vorteile, die für die Unternehmen sehr wertvoll sein können. Aber es ist wichtig, auch die Grenzen der Teamarbeit zu beachten. Diese frühzeitig zu erkennen, ist besonders für Führungskräfte und Teamleiter wichtig, weil so unnötiges Scheitern von Teams verhindert werden kann.

Niermeyer (2001) beschreibt einige Schwächen von Teamarbeit. Der zeitliche Aufwand ist hoch, die Kompromissbereitschaft und das Harmoniebedürfnis können den Erfolg beeinträchtigen, Individualisten sind in ihrer Entfaltungsmöglichkeit eingeschränkt. Des Weiteren können bestimmte negative Verhaltensweisen wie Intoleranz und Sturheit Teams schnell an die Grenzen führen. Ueberschaer (2000) kommt zu ähnlichen Ergebnissen. Die Teamarbeit kostet Zeit, die Kompromissbereitschaft ist groß. Darüber hinaus kann Teamarbeit bestimmte Persönlichkeiten blockieren und zu individueller Passivität führen. Knill und Kunert (1999) betonen zusätzlich, dass der Teamgeist missbraucht werden kann. Während abweichende und einzelne Meinungen in einem Team ignoriert werden können, kommen kritische Bemerkungen ebenfalls nicht gut an, weil von den Teammitgliedern erwartet wird, sich dem gleichgeschalteten Denken zu unterwerfen.

Haug (2016) nimmt im Hinblick auf die Grenzen von Teamarbeit insbesondere Stellung zum Teamleiter, bei dem die Gefahr besteht, dass er keine teamtauglichen Vorbilder hat und nur Führungskräften konservativer und hierarchischer Prägung nacheifert. Wichtig ist, dass er neben den fachlichen Kompetenzen auch Einfühlungs- und Beurteilungsvermögen besitzt, um die Mitarbeiter passend zu ihren Talenten und Fähigkeiten einzusetzen. In Bezug auf die Teammitglieder stellt Haug außerdem klar, dass ein Paradigmenwechsel von einem Befehlsempfänger zum selbstverantwortlichen Teammitglied für viele Mitarbeiter nur schwer möglich ist. Knill und Kunert (1999) betonen, dass für einen echten Teamgeist kritische Anmerkungen wichtig sind und die freie Meinungsäußerung sowie die Kommunikationsfähigkeit untereinander einen besonderen Stellenwert genießen sollten. Außerdem können regelmäßige Diskussionen und Dialoge die Grenzen von Teamarbeit deutlich einschränken.

Durch die Grenzen von Teamarbeit können Frust und Desinteresse entstehen, die den Erfolg im Team stark beeinträchtigen. Verschiedene Autoren sind sich einig, dass die Vorteile von Teamarbeit deutlich überwiegen, wenn die Rahmenbedingungen dafür gegeben sind. Trotzdem ist es wichtig, dass vor allem die Führungskräfte und Teamleiter sich die Grenzen von Teamarbeit bewusst machen, um bei negativen Auffälligkeiten frühzeitig entgegensteuern zu können, damit das Team erfolgreich zusammenarbeitet.

1.5 Definition von Teams im Sport

Das erste Kapitel wird mit der Definition von Sportmannschaften abgeschlossen. High-Performance-Teams (Hochleistungsteams) aus der freien Wirtschaft und Mannschaften aus dem Leistungssport besitzen viele Gemeinsamkeiten.

Sie erbringen außergewöhnliche und überdurchschnittliche Leistungen. Darüber hinaus übertreffen sie die Leistungen ähnlicher Teams und die geäußerten Erwartungen. Die folgende Definition beschreibt Hochleistungsteams, kann aber auch auf Sportmannschaften sehr gut übertragen werden. „Es können Teams entstehen, die nicht nur alle in sie gesetzten Erwartungen übertreffen, sondern auch die Leistungen sämtlicher unter ähnlichen Umständen arbeitenden Teams in den Schatten stellen" (Katzenbach 2003, S. 96).

Da in der Literatur keine Differenzierungskriterien und Unterschiede zu finden sind, kann der Leistungssport auch als Spitzensport und der Breitensport auch als Amateursport bezeichnet werden. Außerdem können die Begrifflichkeiten Teamsport und Mannschaftssport gleichgesetzt werden. Im Gegensatz dazu ist ein deutlicher Unterschied zwischen leistungsorientiertem und professionellem Sport in der Literatur zu erkennen. Es wird zunächst der Teamsportbegriff definiert, ehe anschließend die Begrifflichkeiten leistungsorientiert und professionell voneinander abgrenzt werden. „Teamsport ist ein Sammelbegriff für zahlreiche Sportarten und Disziplinen […] und ist durch Regelwerke einheitlich und detailliert geregelt" (Fahrner 2014, S. 3). Der Teamsportbegriff steht für eine Vielzahl von unterschiedlichen Sportarten, Disziplinen und Ereignissen, die in Ligawettbewerben, Meisterschaften und Turnieren ausgetragen werden. Viele individuelle Einzelspieler erbringen gemeinsam eine Leistung als Mannschaft in Konkurrenz zu anderen Teamsportmannschaften (Fahrner 2014).

Sportmannschaften bestehen aus mindestens zwei Personen. Während beispielsweise beim Beachvolleyball zwei Spieler ein Team bilden, sind es in den klassischen Mannschaftssportarten mehr als zwei und die Teams bestehen aus sogenannten Stamm- und Ersatzspielern. Neben reinen Mannschaftssportarten gelten auch bestimmte Formationen oder Staffeln als Sportmannschaften (Wübbena 2018). Der deutsche Sporthistoriker Arnd Krüger (2001) versteht unter Leistungssport das intensive Ausüben eines Sports in einem Wettkampf, um am Ende eine hohe Leistung zu erreichen. Leistungssportler betreiben einen hohen Zeitaufwand und der sportliche Erfolg steht im Fokus. Damit unterscheiden sie sich wesentlich von den Breitensportlern. Schütte (2016) beschreibt Professionalisierung als einen Prozess, bei dem aus einem einfachen Beruf eine Profession wird. Dabei kritisiert er, dass es – im Gegensatz zu Trainern und Managern – keine formalisierte und wissenschaftliche Ausbildung zum Profisportler gibt. Wenn von einem professionellen Teamsport gesprochen wird, geht es hauptsächlich um spezifische Berufsfelder für Trainer, Spieler oder Funktionäre, die Vollzeit in Vereinen und Organisationen beschäftigt sind und ihr Einkommen durch die hauptamtlichen Tätigkeiten verdienen (Fahrner 2014). Lohmar (2008) fügt hinzu, dass die monetären Anreize für professionelle Teamsportler eine wichtige Rolle spielen. Ein weiterer Unterschied ist, dass sich der professionelle Mannschaftssport zu einem wichtigen Zweig der Unterhaltungsindustrie entwickelt hat und damit hinsichtlich finanzieller und ökonomischer Aspekte von hoher Relevanz ist (Sontag 2012).

Mit den vorgestellten Definitionen und Abgrenzungen erwirbt der Leser ein Verständnis über die verschiedenen Begrifflichkeiten, die in der Sportpraxis auftauchen. Während die Hauptunterschiede zwischen Leistungssport und Breitensport im zeitlichen Aufwand und in der Erfolgserwartung liegen, kann der professionelle Sport durch die hauptamtlichen Sportler und Funktionäre vom Leistungssport abgegrenzt werden. Die Begriffe Mannschaftssport und Teamsport haben die gleiche Bedeutung.

Kennzeichen von Teams im Leistungssport

2

Im zweiten Kapitel werden die Kennzeichen von Teams im Leistungssport, welche durch die Auswertung der Interviews herausgefunden wurden, dargestellt und interpretiert. Dabei wird auf individuelle Merkmale, Eigenschaften und Rahmenbedingungen eingegangen. Dieses Kapitel wird nach den vier Themenblöcken Teamgeist und Zusammenhalt, Rahmenbedingungen und Regeneration, Ziele und messbare Erfolge sowie Flexibilität eingeteilt.

2.1 Teamgeist und Zusammenhalt

Oftmals findet ein Unternehmen keine Erklärungen dafür, dass die selbst gesteckten Ziele nicht erreicht werden oder das zusammengestellte Team nicht erfolgreich und harmonisch zusammenarbeitet. Der erste Themenblock fokussiert sich daher auf die Bedeutung von Teamgeist, auf die Wertschätzung gegenüber Ersatzspielern, auf die Bereitschaft zur Integration neuer Spieler sowie auf Teambildungsmaßnahmen. Dies sind alles Aspekte, die mit Teamgeist und Zusammenhalt in Verbindung stehen und letztendlich die Motivation herstellen, aufrechterhalten und erhöhen, in einem Team erfolgreich zusammenzuarbeiten.

Alle befragten Sportler ordnen den Teamgeist und den damit verbundenen Zusammenhalt in der Mannschaft als wichtig ein oder legen zumindest sehr viel Wert darauf. Einige Experten sagen aus, dass Teamgeist und Zusammenhalt entscheidend für die Erreichung der Ziele und die Erfolge sind. Immerhin noch zwei Sportler erwähnen, dass die Teammitglieder auch privat befreundet sein müssen, um letztendlich erfolgreich zu sein. Die Bedeutung eines starken Teamgeists wird immer wieder deutlich betont: ohne die anderen läufts nichts, aber ohne dich läuft auch nichts.

© Springer Fachmedien Wiesbaden GmbH, ein Teil von Springer Nature 2020
M. Meier, *Praxistipps für erfolgreiche Teamarbeit,* essentials,
https://doi.org/10.1007/978-3-658-27961-5_2

Dabei spielt auch der Zusammenhalt innerhalb der Mannschaft eine wichtige Rolle. Ohne Teamgeist wird es im leistungsorientierten Mannschaftssport ziemlich schwer werden, dann auch seine Ziele zu erreichen. Der Teamgeist gilt damit als Voraussetzung für Erfolg. Dabei ist auch der Umgang und die Wertschätzung gegenüber Ersatzspielern oder nicht nominierten Teammitgliedern von großer Bedeutung. Sobald auf Spieler negativ und überheblich herabgesehen werde oder Spieler ungleich behandelt werden, kann die Mannschaft sehr schnell auseinanderfallen. Dabei wird auch die Vorbildwirkung des Trainers deutlich. Der Trainer, als Kopf der Mannschaft, lebt die Wertschätzung vor. Das lässt sich leicht auf Unternehmen übertragen, in denen die Führungskraft die Wertschätzung für schwächere Mitarbeiter vorleben sollte. Die Wertschätzung gegenüber Ersatzspielern und nicht nominierten Teammitgliedern ist im leistungsorientierten Mannschaftssport sehr wichtig. Zum Teamgeist gehört auch ein bestimmter Umgang mit Kritik, die stets positiv und konstruktiv ausgeführt werden sollte, da eine schlechte Kritikkultur zu einem schlechten Teamgeist führen kann, was dann wiederum den Zusammenhalt innerhalb der Mannschaft und die gemeinsamen Ziele in Gefahr bringen kann. Nur wenn man sich letztendlich im Team gut versteht und jeder auch wirklich für den anderen alles gibt, kann eine Mannschaft funktionieren. Eng mit der Frage nach der Wertschätzung für Ersatzspieler steht die Frage nach der Bereitschaft zur Integration neuer Spieler in Verbindung. Die Integration von neuen Spielern ist im leistungsorientierten Mannschaftssport ein Selbstverständnis. Dabei geht die Integration sogar über die reine Mannschaftsintegration hinaus, indem die Spieler bei der Integration in das neue Lebensumfeld, beispielsweise beim Umzug, helfen.

Im leistungsorientierten Mannschaftssport werden sehr häufig Maßnahmen zur Teambildung genutzt. Neben gemeinsamen Freizeitaktivitäten werden klassische Teambildungsmaßnahmen, Trainingslager vor Saisonbeginn sowie sportspezifische Maßnahmen genannt. Als konkrete Beispiele können Kletterparks und Kletterhallen, Wildwasser Rafting und Kanufahrten, gemeinschaftliche Bowlingabende, Trainingswochenenden mit gemeinsamen Essen sowie weitere Freizeitaktivitäten genannt werden. Dabei ist es möglich, dass ganz neue Stärken der Spieler ersichtlich werden, die wiederum für den Mannschaftssport genutzt werden können, um den Teamgeist und den Zusammenhalt innerhalb der Mannschaft zu fördern. Des Weiteren können diese Maßnahmen den Kopf frei von der Hauptsportart machen.

Da die Faktoren des ersten Themenblocks von großer Bedeutung sind, werden diese im folgenden Absatz zusammengefasst. Es geht um die Beurteilung von Teamgeist und Zusammenhalt, die Bewertung der Wertschätzung gegenüber Ersatzspielern und die Integration von neuen Spielern sowie um die Durchführung von Teambildungsmaßnahmen.

Alle Sportler legen viel Wert auf den Teamgeist und der Zusammenhalt im Team wird als wichtig angesehen. Darüber hinaus betonen die Sportler, dass der Teamgeist Voraussetzung für die Zielerreichung und für den Erfolg ist. Die Wertschätzung gegenüber Ersatzspielern ist vorhanden. Darüber hinaus ordnen die Sportler die Wertschätzung als bedeutend ein, weil die Ersatzspieler ein wichtiger Baustein für den Teamerfolg darstellen. Bei der Integration von neuen Spielern in die Mannschaft lässt sich eine eindeutige Tendenz erkennen. Alle befragten Sportler schätzen die Integration als gut ein oder erläutern, dass dies keine Probleme im Team darstellt. Oftmals geht die Integration von neuen Spielern auch über die sportliche Integration hinaus. Neben Freizeitaktivitäten wird sich bei privaten Angelegenheiten wie bei der Wohnungssuche gegenseitig geholfen. Neben Trainingslagern und klassischen Teambildungsmaßnahmen, beispielsweise in einen Kletterpark zu gehen oder die Teamübung Spinnennetz durchzuführen, werden oftmals freundschaftliche Teambildungsmaßnahmen wie gemeinsame Abendessen oder gemeinschaftliche Aktivitäten genannt, welche nicht regelmäßig stattfinden. Dennoch kann ausgesagt werden, dass vor allem vor Beginn einer Saison oftmals Teambildungsmaßnahmen durchgeführt werden, um den Teamgeist und den Zusammenhalt zu stärken.

2.2 Rahmenbedingungen und Regeneration

Im zweiten Themenblock Rahmenbedingungen und Regeneration geht es zunächst um den typischen Tages- und Wochenablauf der Sportler aus dem leistungsorientierten Mannschaftssport. Anschließend werden die Bedeutung der Regeneration, die organisatorische Struktur und der persönliche Umgang im Team erläutert.

Der Sport steht bei allen befragten Experten im Lebensmittelpunkt. Aktive und sportliche Betätigungen bilden die Schwerpunkte in den Tagesabläufen der leistungsorientierten Sportler. Tage ohne Sport gibt es selten. Meistens ist nur ein Tag in der Woche sportfrei. Neben den zahlreichen Trainingseinheiten mit der gesamten Mannschaft erhalten die Teamsportler auch oftmals individuelle Fitness- und Technikeinheiten. Die Spiele finden in der Regel am Wochenende statt und werden als Höhepunkte im Wochenablauf gesehen. Die Sportler betätigen sich in Hochzeiten zwei- bis dreimal sportlich, wozu auch das regelmäßige Training mit dem Verein gehört. Zwischendurch lernen die jüngeren Sportler für die Uni. Der Tag orientiert sich also am Sport. In Bezug auf die Woche trainieren die Sportler drei- bis viermal mit dem Verein. An den trainingsfreien Tagen beschäftigen sich die Experten freiwillig auch oft mit Sport und gehen zum Beispiel in den Kraftraum.

Ein weiteres Thema bezieht sich auf die Regeneration. Da der Leistungssport hohe Anforderungen an den Körper stellt, muss davon ausgegangen werden, dass nur die Sportler gute Leistungen bringen können, die ausreichend Zeit zur Regeneration erhalten. Im leistungsorientierten Teamsport kümmern sich sehr häufig Physiotherapeuten um die Regeneration der Sportler. Des Weiteren ist die Eigenverantwortung bei der Regeneration sehr wichtig. Für das Bewusstsein für die wichtige Stellung von Regenerationsmaßnahmen im Trainingsplan sorgen die Trainer und medizinischen Betreuer der Sportler. Die Sportler müssen sich Pausen gönnen oder selbstständig Trainingseinheiten mit dem Schwerpunkt Regeneration in den Alltag einbauen. Neben speziellen Behandlungen und Übungen mit den Physiotherapeuten können als klassische Beispiele Regenerationsläufe und Kraftzirkel genannt werden.

Die organisatorische Struktur ist grundsätzlich von Verein zu Verein unterschiedlich. Dennoch gibt die Struktur Auskunft über die Qualität einer Mannschaft sowie die Effizienz der Aufgabenerfüllung und Wahrscheinlichkeit der Zielerreichung. Meistens unterteilt sich die Organisation zunächst in einen Trainer, Co-Trainer und Betreuer, welche der Mannschaft übergeordnet sind. Innerhalb der Mannschaft wird das Team weiter unterteilt in einen Mannschaftsrat, Kapitäne, Führungsspieler sowie junge und normale Spieler, die sich unterordnen. Das bedeutet, dass sowohl die Führung der Mannschaft als auch die Mannschaft selbst hierarchisch unterteilt ist. Der Mannschaftsrat vertritt dabei die Interessen der einzelnen Spieler, wie das bei einem Betriebsrat der Fall ist. Insofern ähneln diese Strukturen dem üblichen hierarchischen Aufbau eines Unternehmens. Es gibt also mehrere Personen, die sportlich und organisatorisch die Sportler im leistungsorientierten Mannschaftssport betreuen. Durch eine hierarchische Struktur kann eine klare Aufgabenteilung erkannt werden, in der die Zuständigkeiten eindeutig geklärt sind. Dabei ist auffällig, dass auch die Teams durch einen Mannschaftsrat, in dem sich die Kapitäne und Führungsspieler befinden, oftmals hierarchisch unterteilt sind.

Der Umgang im Team kann kurz und knapp erläutert werden. Der Umgang im Team ist zusammenfassend stets freundlich und konstruktiv. Negative Assoziationen können nicht festgestellt werden, da diese nicht zum Ziel und zum Erfolg führen.

2.3 Ziele und messbare Erfolge

Der dritte Themenblock beschäftigt sich mit Zielen und messbaren Erfolgen. Des Weiteren wird auf die Bedeutung der intrinsischen Motivation sowie auf das positive Denken und auf die positive Grundeinstellung eingegangen.

Zunächst werden Ziele und messbare Erfolge in den Mittelpunkt gestellt. Das Ziel, idealerweise in Form einer Vision, dient der Motivation. Darüber hinaus verleihen die Ziele dem harten Training einen Sinn. Im Hintergrund steht dabei der Gedanke, dass Sportmannschaften nicht selten trotz einer sehr guten Leistung in Bezug auf Technik und Engagement erfolglos bleiben. Wie wird also die Zielerreichung im leistungsorientierten Mannschaftssport gemessen? Werden die Ziele nach Leistung und Erfolg unterschieden?

Der Erfolg im leistungsorientierten Mannschaftssport kann anhand von Tabellenplätzen, Punkten und Siegen kurzfristig und jederzeit eindeutig gemessen werden. Am Ende einer Saison kann auch der langfristige Erfolg zum Beispiel an einem Aufstieg oder einem Klassenerhalt gemessen werden. Daraus lässt sich gleichzeitig schließen, dass im leistungsorientierten Mannschaftssport Ziele nicht nur vorhanden sind, sondern auch eine sehr bedeutende Rolle spielen. Des Weiteren kann auch zwischen Leistungs- und Erfolgszielen unterschieden werden, weil der Erfolg auch an der sportlichen Weiterentwicklung und der Spielweise der Mannschaft gemessen wird. Allerdings werden die sportliche Weiterentwicklung und die Spielweise der Mannschaft – im Vergleich zu den Erfolgszielen – als nicht so wichtig angesehen. Häufig wird von sehr guten Spielen berichtet, die dann dennoch verloren wurden. Das bedeutet, dass eine gute Leistung noch keinen Erfolg bedeutet. Hier ist davon auszugehen, dass zum Erfolg auch Glück gehört. Letztendlich sind die Punkte und damit der Erfolg aber wichtiger als eine gute Leistung. Das gilt besonders für den Leistungssport. Will eine Mannschaft in die nächsthöhere Liga aufsteigen, so kann das Ziel Aufstieg anhand von Punkten und Tabellenplätzen gemessen werden. Grundsätzlich kann gesagt werden, dass die Mannschaften oftmals zwischen Leistungs- und Erfolgszielen unterscheiden. Letztendlich steht aber der Erfolg im Mittelpunkt, der anhand von Punkten, Siegen und Tabellen gemessen werden kann. Dieser Erfolg wird durch die Leistung perfektioniert.

Die intrinsische Motivation, positives Denken und die mentale Einstellung können im leistungsorientierten Teamsport zu den Erfolgsvoraussetzungen gezählt werden. Ein Spieler sollte sich selbst motivieren können. Dazu gehöre die erwähnte mentale Einstellung – der Sieg beginnt also im Kopf. Eine positive Grundeinstellung ist nicht nur wichtig für die eigene Motivation, sondern kann auch dazu führen, Mitspieler anzustecken. Zusätzlich ist es wichtig, sich mit fehlerhaften und ungünstigen Situationen auseinanderzusetzen. Neben positivem Denken sollte demnach auch eine kritische Fehleranalyse erfolgen. Darüber hinaus sind Erfolge sehr wichtig für den Teamgeist der Mannschaft. Erfolge haben einen verstärkenden Effekt, weil sie zu weiteren Erfolgen motivieren können. Doch auch bei mehreren Niederlagen am Stück ist es wichtig, positiv zu bleiben.

Das ist ganz wichtig, weil sonst der Druck immer größer wird und die Mannschaft sich in eine Abwärtsspirale begibt. Ohne Motivation und mit negativen Gedanken kann die Mannschaft demnach in einen destruktiven Kreislauf geraten, indem eine Niederlage weitere Niederlagen verursacht. Der Trainer ist dafür verantwortlich und sollte in der Lage sein, seine Mannschaft zu motivieren. Er wirkt hier als Vorbild. In Bezug auf Unternehmen übernimmt die Führungskraft die Rolle des Trainers, welche die Mitarbeiter motiviert.

Zusammenfassend kann festgestellt werden, dass im leistungsorientierten Mannschaftssport eine klare Zieldefinition – zum Beispiel Aufstieg oder Klassenerhalt – vorhanden ist. Die Zielerreichung und damit auch der Erfolg sind anhand von Siegen, Punkten und Tabellen eindeutig messbar. Des Weiteren kann sehr häufig zwischen Leistungs- und Erfolgszielen unterschieden werden. Ein Sieg kann als Erfolgsziel definiert werden. Niederlagen, welche mit einer attraktiven und guten Spielweise in Zusammenhang stehen, können als Leistungsziele genannt werden, weil sich die Mannschaft trotz eines negativen Spielausgangs sportlich weiterentwickelt hat. Der Erfolg steht im leistungsorientierten Mannschaftssport allerdings im Vordergrund. Die mentalen Voraussetzungen werden als Voraussetzungen für Siege und Erfolge angesehen. Dabei kann sich eine optimistische Grundeinstellung positiv auf die Motivation aller Teammitglieder auswirken.

2.4   Flexibilität

Der letzte Themenblock stellt die Flexibilität in den Mittelpunkt. Hier stehen der Umgang mit sportlichen und personellen Veränderungen sowie der Umgang nach spontanen Veränderungen in Krisensituationen im Zusammenspiel mit den Teamkollegen im Fokus. Im Hintergrund dieses Themenblocks steht das Wissen, dass Sportmannschaften genau wie Unternehmen permanenten Veränderungen unterworfen sind. Letztlich ist es die Art und Weise des Umgangs mit Veränderungen, die über Sieg und Niederlage und somit auch über Erfolg oder Misserfolg entscheidet.

Die Mannschaftssportler müssen sich häufig auf einen neuen Trainer einstellen. Es ist zweifelhaft, ob dies dem Erfolg der Mannschaft zugutekommt, da jeder Trainer andere Eigenschaften, Vorlieben und Prioritäten hat. Das Gleiche gilt auch für Unternehmen mit einer hohen Fluktuation der Führungskräfte. Um eine Mannschaft und ein Unternehmen zum Erfolg zu führen, wird eine bestimmte Zeit benötigt.

Veränderungen kommen im leistungsorientierten Mannschaftssport sehr häufig vor. Damit ist nicht nur die personelle Situation durch viele Spieler- und Trainerwechsel gemeint. Als weiteres Beispiel kann genannt werden, dass in der Regel alle zwei Wochen ein Auswärtsspiel auf einem fremden Platze oder in einer nicht bekannten Halle stattfindet. Alle Experten finden, dass Veränderungen im leistungsorientierten Mannschaftssport normal sind. Zunächst muss im Unterschied zu Unternehmen gesagt werden, dass spontane Veränderungen zur Strategie einer Mannschaft gehören, die ein Spiel gewinnen will. So wird der Gegner immer wieder vor spontane Veränderungen in Bezug auf Taktik und Technik gestellt, mit der dieser umgehen muss. Ohne Spontanität ist kein Mannschaftssport denkbar. Leistungsorientierte Mannschaftssportler fühlen sich daher häufig auch im Leben abseits des Sports flexibler.

Neben der mentalen Einstellung, dass Veränderungen völlig normal sind, verwenden die Sportler zusätzlich häufig Rituale. Als Beispiel kann hier genannt werden, dass sich viele Sportler immer neben den gleichen Mitspielern in der Kabine umziehen.

Die Sportler rufen sich in Krisensituationen ihre Stärken ins Bewusstsein, ohne die Niederlage zu verfestigen. Dennoch werden die Schwächen später in Mannschaftssitzungen thematisiert. Bei sportlichen Krisen sind vor allem auch die Führungsspieler gefragt, um beispielsweise den jüngeren Spielern Tipps zu geben. Das bedeutet, dass die älteren Spieler, die gleichzeitig die erfahreneren Spieler sind, die jüngeren beim Umgang mit Krisen unterstützen, indem sie letztendlich sogar Fehler auf sich nehmen. Auch bei Krisen steht der Mannschaftsgeist im Mittelpunkt. Des Weiteren ist die Bedeutung der offenen und ehrlichen Krisenbewältigung im leistungsorientierten Teamsport sehr wichtig. Personelle Veränderungen ergeben sich manchmal durch Verletzungen, die geplant werden können. Die Spieler machen letztendlich das Beste aus einer ungeplanten Veränderung, während verletzte Spieler gleichzeitig Unterstützung erfahren.

Zusammenfassend macht der letzte Themenblock deutlich, dass der Mannschaftssport nicht ohne Flexibilität möglich ist. Alle Sportler erläutern, dass Veränderungen, beispielsweise in Bezug auf die eigene Mannschaft, den Gegner und den äußeren Bedingungen, normal und alltäglich sind. Die Sportarten der hier befragten Interviewpartner setzen bereits bei der Spieltechnik Flexibilität voraus, denn oftmals hängen Sieg oder Niederlage von der schnellen und flexiblen Reaktion auf eine bestimmte Technik beim Umgang mit dem Ball ab. Leistungsorientierter Mannschaftssport lebt demnach von der Flexibilität der einzelnen Spieler und damit von der Flexibilität der Mannschaft. Beim Umgang mit spontanen Veränderungen kann betont werden, dass Veränderungen im Mannschaftssport zum Alltag gehören. Oftmals wird von den Experten berichtet, dass es eine wichtige Eigenschaft ist, gelassen zu bleiben und spontan zu sein. Beim Umgang mit Krisen in schwierigen Situationen wird häufig erläutert, dass die Vorteile und Stärken für den Zusammenhalt im Vordergrund stehen sollen. Krisen können im leistungsorientierten Mannschaftssport durch Besprechungen, die sofort statt-finden und in denen offen und ehrlich über die schwierige Situation geredet wird, überwunden werden.

Handlungsempfehlungen 3

Die im zweiten Kapitel beschriebenen Kennzeichen werden in diesem Kapitel auf die freie Wirtschaft übertragen. Unternehmen und Organisationen können von Teams aus dem Leistungssport lernen. Auch dieses Kapitel wird wieder übersichtlich in die vier Themenblöcke Teamgeist und Zusammenhalt, Rahmenbedingungen und Regeneration, Ziele und messbare Erfolge sowie Flexibilität eingeteilt.

Die Ziele im Leistungssport beziehen sich auf das Gewinnen von Wettkämpfen, dem Sammeln von Punkten und den Plätzen auf bestimmten Ranglisten. Der Unterschied zwischen Sieg und Niederlage bestimmt nicht selten das Schicksal einer Mannschaft und damit auch das Schicksal der einzelnen Spieler. Bei den für die Befragung ausgesuchten Interviewpartnern handelt es sich ausschließlich um Leistungssportler, die in bekannten deutschen Ligen spielen und Ballsportarten betreiben. Dazu gehören Fußball, Volleyball, Handball, Faustball und Basketball. Leistungssport stellt sehr hohe Anforderungen an die physische und psychische Ausrichtung des Menschen. Der Leistungssportler unterscheidet sich vom Freizeitsportler durch seine fokussierte Zielsetzung und durch seinen zeitlichen Aufwand für den Sport. Außerdem zeichnen sich die Ballsportarten dadurch aus, dass sie im Team betrieben werden und der Gewinn oder die Niederlage vom Zusammenspiel des Teams abhängen.

Die beschriebenen Aspekte lassen sich leicht auf Unternehmen übertragen. In der freien Wirtschaft kann deshalb ein Vollzeitmitarbeiter eines Unternehmens mit einem leistungsorientierten Mannschaftssportler verglichen werden. Die Mitarbeiter wenden sehr viel Zeit für die Arbeit auf und müssen in der Regel mit Kollegen zusammenarbeiten. Darüber hinaus kann das Team im Sport als ein Beispiel für das Team im Unternehmen stehen. Der Erfolg, die Produktivität und der Fortschritt im Unternehmen sind von der Ausrichtung, der Zusammenarbeit, der Struktur und der inneren Harmonie des Teams abhängig.

© Springer Fachmedien Wiesbaden GmbH, ein Teil von Springer Nature 2020 21
M. Meier, *Praxistipps für erfolgreiche Teamarbeit,* essentials,
https://doi.org/10.1007/978-3-658-27961-5_3

3.1   Teamgeist und Zusammenhalt

In diesem Teilkapitel wird die Frage beantwortet, was die Unternehmen in Bezug auf Teamgeist und Zusammenhalt von den leistungsorientierten Sportmannschaften übernehmen können. Wie gelingt es den Teams aus dem Leistungssport, ihre oft sehr hochgesteckten Ziele zu erreichen?

Die Antworten der Experten auf den ersten Themenblock des Interviews bestätigen die Theorien und Annahmen, dass der Teamgeist und der Zusammenhalt für die Erreichung von Zielen und für den Erfolg von Bedeutung sind. Es kann davon ausgegangen werden, dass ein Team in der freien Wirtschaft mit einem stark ausgeprägten Teamgeist erfolgreicher zusammenarbeitet als ein Team, welches nicht an einem Strang zieht oder in dem ein eher negatives Klima vorzufinden ist. Darüber hinaus hat ein sehr gut ausgeprägter Teamgeist weitere Vorteile. Durch ein positives Klima während der Arbeit kann ein Image aufgebaut werden, um sowohl leistungsfähige Mitarbeiter zu halten als auch neue Angestellte und Führungskräfte zu rekrutieren. Ein stark ausgeprägter Teamgeist kann den Unternehmen wichtige Vorteile gegenüber der Konkurrenz auf dem Arbeitsmarkt verschaffen. Die Unternehmen sollten daher mehr Wert auf die Entwicklung des Teamgeistes legen.

Dabei ist es auch wichtig, die Mitarbeiter emotional zu erreichen. Wie bereits im ersten Kapitel erwähnt, sind nur wenige Mitarbeiter emotional an ihren Arbeitgeber gebunden, weil das sachliche Engagement im Vordergrund steht. Durch geschickte Fragestellungen, die die Gefühle und Emotionen der Mitarbeiter direkt ansprechen, kann ein Feuer bei den Mitarbeitern entfacht werden. Die emotionale Beteiligung der Mitarbeiter ist ein wichtiger Baustein, denn Mitarbeiter, die mit Leidenschaft und Begeisterung an einer Aufgabe arbeiten, sind für die Erreichung der Ziele und die positive Stimmung im Team sehr wertvoll.

Nur wenige leistungsorientierte Mannschaftssportler behaupten, dass sie mit allen Teammitgliedern befreundet sind. Dieses Ergebnis steht letztendlich nicht im Einklang mit der Erwartung, dass eine leistungsorientierte Sportmannschaft nur erfolgreich sein kann, wenn sich die Teammitglieder auch außerhalb des Sports gut verstehen. Dieses Ergebnis ist für das Bewusstsein der Unternehmen wichtig. Der Fokus soll auf die Arbeit gerichtet werden. Es ist nicht von Bedeutung, dass alle Mitarbeiter sich auch privat sehr gut verstehen müssen. Bei der hohen Wertschätzung gegenüber Ersatzspielern und nicht nominierten Teammitgliedern kann als Handlungsempfehlung abgeleitet werden, dass jedes Teammitglied – egal auf welcher hierarchischen Ebene – wertvoll für das gesamte Team ist. Hier können die Führungskräfte eine Vorbildfunktion einnehmen und Wertschätzung vorleben, beispielsweise dafür, wie Praktikanten und Aushilfskräfte ihren Teil zum Erfolg beitragen können. Die befragten Teamsportler aus dem Leistungssport berichten über eine gute und problemlose Integration von neuen Mannschaftskollegen, die oftmals auch außerhalb des Sports stattfindet. Als Handlungsempfehlung für Unternehmen kann daher festgehalten werden, dass die Unternehmen bei der Integration von neuen Mitarbeitern darauf achten sollten, dass sich die Teammitglieder bei privaten Angelegenheiten wie beim Umzug in eine neue Wohnung oder beim Kennenlernen der neuen Umgebung gegenseitig unterstützen. Im Gegenzug können die Unternehmen einen bezahlten Urlaubstag als Anreiz dafür anbieten.

Dabei können auch Teambildungsmaßnahmen helfen, die vor allem in der Saisonvorbereitung im Rahmen eines Trainingslagers durchgeführt werden. Unternehmen können daraus lernen, dass sie für Arbeitsteams als Vorbereitung für wichtige Projekte mehrere Tage am Stück organisieren, in denen klassische Teambildungsmaßnahmen genauso im Mittelpunkt stehen, wie die inhaltliche und organisatorische Aufklärung über die gemeinsamen Aufgaben und Ziele. Hier können der Teamgeist und der Zusammenhalt sehr stark gefördert werden. Darüber hinaus können während des Projekts einzelne Abendessen und Wochenenden, welche gemeinsam im Team verbracht werden, auch dafür sorgen, dass Teamgeist und Zusammenhalt gestärkt werden.

3.2 Rahmenbedingungen und Regeneration

In diesem Teilkapitel wird darauf eingegangen, was die Unternehmen aus der freien Wirtschaft hinsichtlich Rahmenbedingungen und Regeneration vom leistungsorientierten Mannschaftssport lernen können.

Die Bedeutung der Regeneration im Leistungssport ist sehr hoch. Die befragten Mannschaftssportler wissen, dass nur durch regenerative Maßnahmen, die meist in Eigenverantwortung durchgeführt werden, eine maximale Leistung in den Wettkämpfen möglich ist. In der freien Wirtschaft spielt derzeit die Regeneration von Mitarbeitern kaum eine große Rolle. Neben gesetzlich vorgeschriebenen Urlaubstagen gibt es wenig bis keine Maßnahmen, die die Regeneration der Angestellten fördert. Weitere bewusste Pausen, in denen sich die Mitarbeiter von körperlicher Anstrengung und psychischem Stress erholen können, sind nicht eingeplant. Es geht darum, in kurzer Zeit so viel wie nur möglich ist, zu leisten. Sobald die Aufgabenstellung oder das Projekt abgeschlossen ist, warten die nächsten Arbeitsanweisungen. Im ersten und wichtigsten Schritt müssen die Unternehmen dafür sensibilisiert werden, wie wichtig die Regeneration für Mitarbeiter ist. Menschen sind keine Maschinen, die bei körperlich und geistig anstrengender Leistung ununterbrochen maximale Leistungsfähigkeit erbringen können. Im zweiten Schritt sollten die Unternehmen Experten einstellen, die individuelle Regenerations-programme entwickeln, welche eigenständig von den Beschäftigten während der Arbeitszeit durchgeführt werden. Anschließend sind Körper und Geist erholt. Die Angestellten können wieder deutlich mehr Leistung erbringen, wodurch die Arbeitsproduktivität steigt. Außerdem können durch gezielte Regenerationsmaß-nahmen das Image und das Arbeitsklima des Unternehmens deutlich verbessert werden. Die Arbeitnehmer bekommen nicht das Gefühl erschöpft zu sein, sondern fühlen sich frischer und positiver. Als konkretes Beispiel wird vorgeschlagen, dass in Projektphasen bewusst Zeiten eingeplant werden, die für Regenerationsmaßnah-men genutzt werden. Die Mitarbeiter erhalten Gelegenheit, sich durch gemeinsame Sportaktivitäten oder das Lesen von Büchern zu regenerieren, um letztendlich nach der Regenerationszeit wieder maximale Leistungsfähigkeit zu erbringen. Die meis-ten Ideen von Nobelpreisträgern sind beim Ausruhen oder unter der Dusche bei wenig Anstrengung entstanden. Auf die Dauer der Projekte oder einzelnen Arbeits-aufgaben haben Regenerationsmaßnahmen keinen negativen Einfluss. Die durch die Regenerationsprogramme verloren gegangene Arbeitszeit kann direkt nach den Erholungsphasen wieder eingearbeitet werden, da die Mitarbeiter nach der Pause maximale Leistungsfähigkeit erbringen können. Ohne Regenerationsphasen bleibt die Leistungsfähigkeit bei den Mitarbeitern gleich oder sinkt sogar. Darüber hinaus steigt die Gefahr von psychischen Erkrankungen und das Arbeitsklima wird deut-lich schlechter.

Zusammenfassend kann gesagt werden, dass die Unternehmen aus der freien Wirtschaft vom leistungsorientierten Mannschaftssport lernen können, wie sie Regenerationseinheiten bewusst in den Arbeitsalltag integrieren, um letztendlich das Arbeitsklima zu verbessern sowie die Leistungsfähigkeit und die Arbeits-produktivität der Mitarbeiter zu steigern.

Neben der Bedeutung von Regeneration spielt die organisatorische Struktur im leistungsorientierten Teamsport eine wichtige Rolle. Die Sportmannschaften der befragten Experten sind demokratisch organisiert. Neben Trainern und Betreuern, die als sportliche und organisatorische Führungskräfte zählen, bestehen die meis-ten Teams auch noch aus Kapitänen und einem Mannschaftsrat. Diese interne hierarchische Struktur hat den Vorteil, dass die Zuständigkeiten deutlich sind und eine klare Aufgabenteilung vorhanden ist.

Im Zuge aller Diskussionen um neue Führungsstile, die mit dem Abbau der Hie-rarchien einhergehen, sollte die Überlegung angestellt werden, ob fehlende Hierar-chien der Produktivität des Unternehmens nutzen und ob diese den gemeinsamen Zielen sogar schaden. Wenn in der freien Wirtschaft zwischen Führungskraft und Teammitgliedern nicht eindeutig ist, wer die Entscheidungen trifft und welche Per-sonen miteinbezogen werden sollen, ist es wichtig, eine hierarchische Ordnung und damit Klarheit über Rollen und Entscheidungswege zu schaffen. Neben einem Trainer, der auch als sportlicher Abteilungsleiter einer Mannschaft bezeichnet werden kann und damit mit einer Führungskraft eines Unternehmens vergleichbar ist, kommt dem Mannschaftsrat, der aus Führungsspielern besteht, eine entscheidende Rolle im Teamsport zu. In Unternehmen sollte daher ein mit dem Mannschaftsrat vergleichbares Organ geschaffen werden, in dem erfahrene und verantwortungsbewusste Mitarbeiter organisiert sind, die sich bereits in der Vergangenheit mit vielen Fragestellungen und Aufgaben erfolgreich auseinandergesetzt haben. Dieses neu geschaffene Organ kann als Teamrat oder Abteilungsrat bezeichnet werden. Durch das gegenseitige Unterstützen der Mitarbeiter kann ein gemeinsames Gefühl der Verantwortung für die Teamarbeit geschaffen und das Vertrauen untereinander gefördert werden. Führungskräfte und Betriebsräte haben oftmals keine Zeit, sich um den Zusammenhalt des Teams und um individuelle Probleme von Mitarbeitern zu kümmern. Durch den Teamrat oder Abteilungsrat können beispielsweise erfahrene und verantwortungsbewusste Mitarbeiter jüngere Kollegen unterstützen und motivieren. Darüber hinaus können durch das neu geschaffene Organ alle Mitarbeiter unmittelbar in die Entscheidungsprozesse einbezogen werden.

Beim Umgang im Team pflegen die leistungsorientierten Mannschaften einen kameradschaftlichen, freundlichen und respektvollen Umgang. Auch in schwierigen Zeiten wird versucht, auf einen positiven Umgang viel Wert zu legen. Auch der Konkurrenzkampf wirkt sich nicht negativ auf den Umgang in der Mannschaft aus. Dies stellt allerdings einen wesentlichen Unterschied dar und kann nicht in die freie Wirtschaft übertragen werden. Ein Konkurrenzkampf innerhalb eines Unternehmens führt zu einem eher schlechten Klima und Projekte können scheitern. Es gibt Unternehmen, die fördern den internen Wettbewerb zwischen den Mitarbeitern durch Anreize. Im Verkauf bedeutet das beispielsweise, dass ein Mitarbeiter mit besonders vielen Vertragsabschlüssen einen Bonus erhält. Dabei darf nicht vergessen werden, dass Mitarbeiter unterschiedliche Voraussetzungen haben in Bezug auf Wissen, Talent sowie soziale und körperliche Fähigkeiten. Deshalb kann ein interner Konkurrenzkampf dazu führen, dass sich Mitarbeiter ungerecht behandelt fühlen. Die Motivation und das Teamgefühl sinken.

3.3 Ziele und messbare Erfolge

Die Experten bestätigen, dass es im leistungsorientierten Mannschaftssport eine klare Zieldefinition gibt und der Erfolg messbar ist. In der freien Wirtschaft gehen die Mitarbeiter häufig nur ihren Tätigkeiten und Aufgaben nach, ohne auf ein Ziel hinzuarbeiten. Das kann zu Frustration und schlechter Stimmung im Team führen, weil der Sinn der Arbeit nicht erkennbar ist. Für Unternehmen ist es daher sinnvoll, für jeden Beschäftigten ein individuelles Ziel zu formulieren und für eine Abteilung, welche als Team zusammenarbeitet, ein gemeinsames Ziel auszugeben. Darüber hinaus sollte auch noch in Leistungs- und Erfolgsziele unterschieden werden, um die Leistungsfähigkeit und die Motivation der Belegschaft zu fördern. Oftmals kommt es vor, dass Mitarbeiter nicht den gesamten Arbeitsablauf und somit nur das Ende eines Erfolgs mitbekommen. Zur Gesamtleistung gehören aber auch Aspekte wie Kreativität und Planung oder wie grundsätzlich zum Ziel hingearbeitet wurde. Dabei ist es für die zuständigen Führungskräfte wichtig, die Mitarbeiter nicht durch zu viele Ziele zu überfordern. Des Weiteren sollten nur individuelle Mitarbeiterziele von den Führungskräften formuliert werden, die auch unmittelbar in den Arbeitsalltag integriert werden und somit auch für eine besondere Fokussierung sorgen können, damit die Arbeitsproduktivität der Mitarbeiter erhöht wird. Ziele sind besonders wichtig, da sie die Motivation der Mitarbeiter fördert. Durch die Integration von Leistungszielen oder Zwischenzielen können diese Mitarbeiter einbezogen und zusätzlich motiviert werden, weil sie einen Sinn in ihren Arbeitstätigkeiten sehen. Zusätzlich kann dadurch die Teamleistung definiert werden.

So wie im leistungsorientierten Mannschaftssport der Erfolg anhand von Siegen oder Niederlagen eindeutig gemessen werden kann, könnten Unternehmen ähnlich vorgehen und interne Ranglisten schaffen. Alternativ kann auch eine Tabelle mit der Konkurrenz erstellt werden. Bei Misserfolg ist allerdings darauf zu achten, dass die Grundeinstellung sowie das Denken positiv bleiben und gemeinsam nach Lösungen gesucht wird, wie es in Zukunft besser laufen kann und die gewünschten Erfolge erzielt werden können. Ist der Erfolg eines Projektes, einer neuen Produktionslinie oder einer innovativen Dienstleistung von den mentalen Einstellungen der Mitarbeiter sowie des Führungspersonals abhängig? Können die Erkenntnisse im Hinblick auf die mentale Einstellung ohne Weiteres auf Unternehmen übertragen werden? Diese zwei bedeutenden Fragen werden in den kommenden Absätzen diskutiert.

Die überwiegende Mehrheit der befragten Teamsportler ist der Meinung, dass die mentalen Voraussetzungen als Grundlage für Siege und Erfolge einzuschätzen sind. Die Grundeinstellung und die Denkweisen der Mitarbeiter sollten daher stets positiv sein und die Eigenmotivation sollte ausgeprägt sein. Für Unternehmen ist es daher sinnvoll, frühzeitig darauf hinzuweisen, dass jede Art von negativem Denken für das Erreichen der Ziele und der Erfolge nicht förderlich ist. Gleichzeitig ist es von Bedeutung, eine positive Grundeinstellung im gesamten Unternehmen aufzubauen und zu fördern. Hier ist davon auszugehen, dass die positive Einstellung vom Ausmaß der Identifikation mit dem Unternehmen abhängt. Nur ein Angestellter, der eine positive Einstellung zum Unternehmen hat, erbringt eine positive Leistung. Es ist die Aufgabe der Führungskräfte, den Mitarbeitern eine positive Einstellung zu vermitteln. Dabei ist es ratsam, frühzeitig auf Coaching- und Motivationsmaßnahmen zu setzen, um an den mentalen Voraussetzungen der Mitarbeiter zu arbeiten.

Des Weiteren benötigen die Angestellten entsprechende Arbeitsbedingungen im Hinblick auf Arbeitsgestaltung, Arbeitsorganisation und Arbeitsumgebung. Übergeordnet sollte eine anschauliche und erstrebenswerte Vision stehen. Dadurch kann auch die intrinsische Motivation von allen Mitarbeitern gefördert werden. Eine Belegschaft, die sich untereinander motivieren und sich gegenseitig an die gemeinsamen Ziele erinnern, wird auch in schlechten Zeiten maximal leistungsfähig bleiben.

3.4 Flexibilität

In den letzten Jahren hat sich die Anzahl der Veränderungsprozesse in der freien Wirtschaft deutlich erhöht. Der Bekanntheitsgrad von Change Management ist dadurch stark angestiegen. Unternehmen und Organisationen müssen in der heutigen Zeit schnell auf Veränderungen reagieren können, komplexe Aufgabenstellungen sollten schnell und flexibel gelöst und die eigenen Prozesse und Innovationen müssen regelmäßig angepasst werden. Der Umgang mit Veränderungen ist für Unternehmen ein wichtiger Baustein für ein erfolgreiches Erreichen der Ziele. Im leistungsorientierten Mannschaftssport sind Veränderungen typisch und nicht aus dem Alltag wegzudenken. Dabei scheint es schwierig, konkrete Handlungsempfehlungen für die freie Wirtschaft auszusprechen, nachdem im leistungsorientierten Teamsport Veränderungen normal und alltäglich sind. Trotzdem können die Unternehmen auch in diesem Bereich vom leistungsorientierten Mannschaftssport lernen.

Dabei ist zunächst von großer Bedeutung, dass sich die Verantwortlichen bewusst machen, dass Flexibilität trainierbar ist. Die Faktoren Zeit, Personal und Kosten dürfen dabei keine Hindernisse sein. Das geschieht aber oft, da die Entscheidungsträger zu kurzfristig denken. Um die Flexibilität der Mitarbeiter zu fördern, brauchen die Unternehmen und Organisationen einen langen Atem, der sich aber am Ende auszahlen wird. Veränderung kann sich auch nicht von heute auf morgen erfolgreich abspielen. Veränderung muss zunächst verstanden und nachvollziehbar und im nächsten Schritt bewusst gemacht werden. Anschließend ist ein Trainingsprogramm, das über mehrere Monate andauern kann, notwendig. Veränderung ist trainierbar! Die daraus resultierende steigende Flexibilität der

Mitarbeiter wirkt sich erfolgreich auf finanzielle und positiv auf emotionale Faktoren aus.

Im Umgang mit Veränderungen sollten die Mitarbeiter in Unternehmen keinerlei Vorurteile haben und die Veränderungen als normal ansehen. Im Umgang mit spontanen Veränderungen sollte die Belegschaft gelassen und anpassungsfähig sein. Allerdings ist dieser Vorgang in der Praxis ein Wunschgedanke und kann sicherlich niemals zu einhundert Prozent umgesetzt werden. Dennoch kann versucht werden, an einem offenen und flexiblen Image im Unternehmen zu arbeiten. Die Integration von bestimmten Ritualen kann dabei helfen, den Veränderungsprozessen nicht mit Angst und Wut zu begegnen, sondern sie als Herausforderung anzusehen und als Möglichkeit, sich weiterzuentwickeln oder Abwechslung in den Arbeitsalltag zu bringen.

Im Umgang mit Krisen und schwierigen Situationen ist es von Bedeutung, auf individuelle Vorteile und Stärken der Mitarbeiter einzugehen. Weiterhin ist es wichtig, auf den Zusammenhalt des gesamten Teams zu achten. Die Probleme und negativen Schwierigkeiten sollten nicht in den Vordergrund gelangen. Im leistungsorientierten Teamsport wird im Umgang mit Krisen und schwierigen Situationen im Zusammenspiel mit den Teamkollegen auf die Kommunikation untereinander sehr viel Wert gelegt. Auf die Unternehmen übertragen heißt dies, dass regelmäßige Sitzungen sehr sinnvoll sind, an denen alle Beteiligten und nicht nur das Führungspersonal teilnehmen sollten. Miteinander reden und Fehler zu besprechen, um Lösungen für die Erreichung der Ziele und Erfolge zu finden, kann als Handlungsempfehlung für Unternehmen aus der freien Wirtschaft gesehen werden. Die Unternehmen sollten sich dabei auf die bereits erwähnte Gründung eines Teamrats stützen.

Zusammenfassung 4

4.1 Theoretischer Teil

Der Teambegriff wird häufig falsch angewendet, weil die zahlreichen positiven Eigenschaften und Assoziationen für sich in Anspruch genommen werden, ohne zu wissen, was ein Team letztendlich erfolgreich macht und welche Faktoren zu beachten sind. Die Vorteile, Merkmale und Voraussetzungen von Teamarbeit zu kennen, ist nicht nur für Manager, Führungskräfte und Teamleiter wichtig, sondern sie sind für alle Mitarbeiter in einem Unternehmen von großer Bedeutung, um erfolgreich in einem Team zusammenarbeiten zu können und die Ziele zu erreichen. Die Vorteile von Teamarbeit überwiegen deutlich gegenüber den Nachteilen. Dennoch dürfen bei aller Euphorie für die positiven Aspekte von Teamarbeit die Grenzen nicht vernachlässigt werden. Wenn die Grenzen von Teamarbeit ignoriert werden, kann durch Frust und Desinteresse der Erfolg im Team negativ beeinflusst werden.

4.2 Kennzeichen von Teams aus dem Leistungssport

Es werden die jeweils vier wesentlichsten Ergebnisse aus den vier Themenblöcken Teamgeist und Zusammenhalt, Rahmenbedingungen und Regeneration, Ziele und messbare Erfolge sowie Flexibilität anschaulich in der Grafik dargestellt (s. Abb. 4.1).

© Springer Fachmedien Wiesbaden GmbH, ein Teil von Springer Nature 2020
M. Meier, *Praxistipps für erfolgreiche Teamarbeit,* essentials,
https://doi.org/10.1007/978-3-658-27961-5_4

Teamgeist & Zusammenhalt

- Voraussetzung für den Erfolg

- Wertschätzung aller Teammitglieder

- Integration neuer Spieler kein Problem

- Basis: Teambildung & Freizeitaktivitäten

Rahmenbedingungen & Regeneration

- Aufgabenverteilung (Trainer, Spieler)

- hierarchische Strukturen innerhalb des Teams
(Kapitäne, Mannschaftsrat)

- Umgang im Team ist freundschaftlich;
Kritik ist offen und konstruktiv

- viel Wert auf Regeneration
durch Experten (Physio) & Eigenverantwortung

Ziele & messbare Erfolge

- Ziele sind vorhanden & klar definiert

- Erfolg ist entscheidend & messbar

- Unterscheidung in Leistungs- und Erfolgsziele

- positives Denken und Grundeinstellung & Eigenmotivation ist wichtig

Flexibilität

- Veränderungen auf & neben dem Platz sind alltäglich → Basis für Erfolg!

- Umgang mit Veränderungen: Rituale festlegen, offen & gelassen sein

- Verantwortung durch Führungsspieler

- Umgang mit Krisen & schwierigen Situationen:
Konzentration auf Stärken & Zusammenhalt sowie
offene und konstruktive Besprechungen

Abb. 4.1 Darstellung der jeweils vier wesentlichsten Ergebnisse aus den vier Themen-blöcken. (Eigene Darstellung)

4.3 Handlungsempfehlungen

1. Handlungsempfehlung: Fokus auf Teamgeist und Zusammenhalt legen
   - Wertschätzung aller Teammitglieder ist wichtig
   - Arbeitszeit für die Integration von neuen Teammitgliedern einplanen
   - auf Teambildungsmaßnahmen bei Gründung von Teams setzen
   - gemeinsame Abendessen und Wochenenden in die Arbeitszeit integrieren
2. Handlungsempfehlung: interne Struktur ordnen und Regeneration der Mitarbeiter in den Vordergrund stellen
   - hierarchische Struktur ist für eine klare Aufgabenverteilung wichtig
   - Teamrat/Abteilungsrat innerhalb des Teams ohne Führungskräfte gründen
   - Experten einstellen, die individuelle Regenerationsprogramme entwickeln
   - Regenerationsmaßnahmen in die Arbeitszeit integrieren
3. Handlungsempfehlung: individuelle Ziele vereinbaren und Erfolge messen
   - individuelle Ziele mit den Mitarbeitern vereinbaren und immer wieder anpassen
   - gemeinsame Erfolgsziele und Leistungsziele bzw. Zwischenziele definieren
   - Erfolge messbar machen
   - Zeit in die mentalen Voraussetzungen der Mitarbeiter investieren
4. Handlungsempfehlung: Flexibilität der Mitarbeiter fördern und trainieren
   - Beispiele aus dem Teamsport aufzeigen, um Vorurteile gegenüber Veränderungsprozessen abzubauen: Flexibilität ist trainierbar
   - Integration von Ritualen in die Arbeitswelt
   - auf individuelle Stärken und Vorteile der Mitarbeiter setzen und den Zusammenhalt des gesamten Teams in den Vordergrund stellen
   - offene und direkte Kommunikation: in Krisen und schwierigen Situationen Besprechungen und Sitzungen für alle Mitarbeiter ansetzen

Ausblick 5

Unternehmen und Organisationen aus der freien Wirtschaft befinden sich in einem ständigen und tiefgreifenden Wandel. Es gibt zahlreiche Ereignisse von Sportmannschaften aus der Vergangenheit, bei der erfolgreiche Teamarbeit und ein besonders ausgeprägter Teamgeist für den Erfolg ausschlaggebend war. Der Teamsport kann mehr denn je als Vorbild für die Wirtschaft dienen. Durch erfolgreiche Teamarbeit können Unternehmen sich in verschiedenen Bereichen strategische Wettbewerbsvorteile verschaffen.

Die Unternehmen sollten in Zukunft den Fokus mehr auf Teamgeist und Zusammenhalt legen, die interne Struktur neu ordnen und die Regeneration der Mitarbeiter in den Vordergrund stellen. Außerdem ist es von Bedeutung, dass die Erfolge messbar sind und individuelle Ziele mit den Mitarbeitern vereinbart werden. Zuletzt ist es auch wichtig, speziell die Flexibilität der Mitarbeiter zu fördern.

Neben den erläuterten Ergebnissen können sich weitere wissenschaftliche Ansätze ergeben, um den Forschungsbereich, was Unternehmen und Organisationen vom leistungsorientierten Mannschaftssport lernen können, fortzuführen und auszuweiten. Des Weiteren kann sich die Forschung diesem Themengebiet auch aus einem anderen Blickwinkel nähern, indem die unterschiedlichen Perspektiven von Funktionären, Trainern und Zuschauern untersucht werden. Zusammenfassend können kommende Forschungsprojekte die gewonnenen Ergebnisse differenzieren, ausweiten oder auch quantitativ überprüfen.

Dieser Forschungsbereich ist nicht nur für die Wissenschaft, sondern vor allem auch für die Praxis relevant, weil die Unternehmen und Organisationen vom leistungsorientierten Mannschaftssport sehr viel lernen können. Die gewonnenen Erkenntnisse zu berücksichtigen und die Handlungsempfehlungen in den Arbeitsalltag zu integrieren, können für Unternehmen und Organisationen sehr wertvoll

© Springer Fachmedien Wiesbaden GmbH, ein Teil von Springer Nature 2020   33
M. Meier, *Praxistipps für erfolgreiche Teamarbeit,* essentials,
https://doi.org/10.1007/978-3-658-27961-5_5

sein, weil Mitarbeiter langfristig und emotional gebunden und neues Personal gefunden werden kann. Letztendlich kann das gesamte Unternehmen oder die gesamte Organisation von den Erkenntnissen aus dem leistungsorientierten Mannschaftssport und den daraus resultierenden Handlungsempfehlungen profitieren.

Es ist und bleibt ein spannender Bereich, denn vor allem bei Unternehmen und Organisationen wird es in Zukunft noch verstärkter heißen: ‚Together everyone achieves more'.

Was Sie aus diesem *essential* mitnehmen können

- Die wichtigsten theoretischen Hintergrundinformationen für eine erfolgreiche Teamarbeit.
- Warum der leistungsorientierte Mannschaftssport als Vorbild für Unternehmen und Organisationen stehen kann.
- Die praktischen Handlungsempfehlungen und wertvollen Hinweise werden in die vier Themenbereiche Teamgeist und Zusammenhalt, Ziele und messbare Erfolge, Rahmenbedingungen und Regeneration sowie Flexibilität eingeteilt.

© Springer Fachmedien Wiesbaden GmbH, ein Teil von Springer Nature 2020   35
M. Meier, *Praxistipps für erfolgreiche Teamarbeit,* essentials,
https://doi.org/10.1007/978-3-658-27961-5

Literatur

Alf-Jähnig, R., Hanke, T., & Preuß-Scheuerle, B. (2008). *Teamcoaching* (2. Aufl.). Bonn: managerSeminare.

Baschab, T. (2006). Erfolg beginnt im Kopf. In M. Porten (Hrsg.), *Was Führungskräfte und Mitarbeiter vom Spitzensport lernen können* (S. 117–138). Stuttgart: Deutscher Sparkassen Verlag.

Comelli, G. (2003). Anlässe und Ziele von Teamentwicklungsmaßnahmen. In A. Thomas (Hrsg.), *Teamarbeit und Teamentwicklung* (S. 170–189). Göttingen: Hogrefe.

Fahrner, M. (2014). *Teamsportmanagement*. München: Oldenbourg Wissenschaftsverlag.

Grunwald, W. (1996). Psychologische Gesetzmäßigkeiten der Gruppenarbeit. *Personalführung, 6,* 740–745.

Haug, C. (2016). *Erfolgreich im Team* (5. Aufl.). München: dtv.

Katzenbach, J. (2003). *Teams*. Frankfurt: Redline Wirtschaft.

Kauffeld, S. (2001). *Teamdiagnose*. Seattle: Hogrefe.

Knill, M., & Kunert, K. (1999). *Team und Kommunikation* (1. Aufl.). Aarau: Pädagogik bei Sauerländer.

Kriz, W.-C., & Nöbauer, B. (2002). *Teamkompetenz*. Göttingen: Vandenhoeck & Ruprecht.

Krüger, A., & Engels, U. (2001). Dreißig Jahre "Leistungssport". *Leistungssport, 31*(5), 4–9.

Kupferberg, C. (2006). Fitness als wesentliche Basis für erfolgreiche Führungsarbeit oder was können Führungskräfte mit Fitnesssport erreichen. In M. Porten (Hrsg.), *Was Führungskräfte und Mitarbeiter vom Spitzensport lernen können* (S. 157–190). Stuttgart: Deutscher Sparkassen Verlag.

Landes, M., & Steiner, E. (2014). *Psychologische Auswirkungen von Change Prozessen*. Wiesbaden: Springer Fachmedien.

Lohmar, O. (2008). *Personalmanagement im Profisport*. Saarbrücken: VDM Verlag Dr. Müller.

Mayer, H.-O. (2009). *Interview und schriftliche Befragung*. München: Oldenbourg Wissenschaftsverlag.

Müller, H. (2006). Teamwork – Regeln aus dem Spitzensport für erfolgreiche Führungsarbeit. In M. Porten (Hrsg.), *Was Führungskräfte und Mitarbeiter vom Spitzensport lernen können* (S. 87–98). Stuttgart: Deutscher Sparkassen Verlag.

Niermeyer, R. (2001). *Teamarbeit* (1. Aufl.). Freiburg: Rudolf Haufe.

© Springer Fachmedien Wiesbaden GmbH, ein Teil von Springer Nature 2020
M. Meier, *Praxistipps für erfolgreiche Teamarbeit,* essentials,
https://doi.org/10.1007/978-3-658-27961-5

Peters, B. (2012). *Führungsspiel*. München: Ariston.

Poirier-Leroy, O. (15. Oktober 2018). Homepage. https://swimswam.com/5-life-lessons-will-get-swimming/. Zugegriffen: 28. Okt. 2018.

Q12 Employee Engagement. (2019). Homepage. https://www.gallup.de/182567/q12-employee-engagement.aspx. Zugegriffen: 28. Okt. 2018.

Reimann, S. (2018). Was macht Teams gut. *managerSeminare, 246,* 30–37.

Rosenstiel, L. (2007). *Grundlagen der Organisationspsychologie* (6. Aufl.). Stuttgart: Schäffer-Poeschel.

Scholl, W. (2003). Modell effektiver Teamarbeit – Eine Synthese. In S. Stumpf & A. Thomas (Hrsg.), *Teamarbeit und Teamentwicklung.* Göttingen: Hogrefe.

Schütte, N. (2016). *Grundwissen Sportmanagement.* Konstanz: UKV Verlagsgesellschaft.

Sontag, B. (2012). *Strategische Erfolgsfaktoren professioneller Sportorganisationen.* Wiesbaden: Gabler & Springer Fachmedien.

Stamm, M., & Titscher, S. (2006). *Erfolgreiche Teams.* Wien: Linde.

Ueberschaer, N. (2000). *Mit Teamarbeit zum Erfolg* (2. Aufl.). München: Hanser.

Weise, M. (2006). Erfolgs- und Leistungsziele als Schlüsselaufgabe wirksamer Führung. In M. Porten (Hrsg.), *Was Führungskräfte und Mitarbeiter vom Spitzensport lernen können* (S. 41–58). Stuttgart: Deutscher Sparkassen Verlag.

Wübbena, H. (2018). *Gruppendynamik von Sportspielmannschaften.* Wiesbaden: Springer Fachmedien.